BEI GRIN MACHT SICH IHR WISSEN BEZAHLT

AF138457

- Wir veröffentlichen Ihre Hausarbeit, Bachelor- und Masterarbeit

- Ihr eigenes eBook und Buch - weltweit in allen wichtigen Shops

- Verdienen Sie an jedem Verkauf

Jetzt bei www.GRIN.com hochladen und kostenlos publizieren

Wandel in Wirtschaft und Gesellschaft

Saskia Haschke

Bibliografische Information der Deutschen Nationalbibliothek:

Die Deutsche Nationalbibliothek verzeichnet diese Publikation in der Deutschen Nationalbibliografie; detaillierte bibliografische Daten sind im Internet über http://dnb.d-nb.de abrufbar.

ISBN: 9783346800343
Dieses Buch ist auch als E-Book erhältlich.

© GRIN Publishing GmbH
Nymphenburger Straße 86
80636 München

Druck und Bindung: Books on Demand GmbH, Norderstedt Germany
Gedruckt auf säurefreiem Papier aus verantwortungsvollen Quellen

Das vorliegende Werk wurde sorgfältig erarbeitet. Dennoch übernehmen Autoren und Verlag für die Richtigkeit von Angaben, Hinweisen, Links und Ratschlägen sowie eventuelle Druckfehler keine Haftung.

Das Buch bei GRIN: https://www.grin.com/document/1278531

Einsendeaufgabe

Wirtschaft und Gesellschaft

Abgegeben am: 27. Januar 2019

Modul: Wirtschaft und Gesellschaft (4. Semester)

Studiengang: Betriebswirtschaft und Management (B.A.)

von

Saskia Haschke

2

Inhaltsverzeichnis

(Alternative C)

Aufgabe 1

A 1.1 Die Flexibilisierung der Arbeit

Veränderte Anforderungen in der Arbeitswelt, z. B. aufgrund neuer Technologien oder der Globalisierung, verlangen den Unternehmen einiges ab. Sie müssen sich immer wieder neuen Herausforderungen stellen und sich dementsprechend weiterentwickeln, um am Puls der Zeit zu bleiben. Neben der erforderlichen Digitalisierung und der Berücksichtigung des demografischen Wandels, sollten sich die Unternehmen vor allem aber auch um die Arbeitsbedingungen der eigenen Mitarbeiter kümmern und demzufolge Flexibilisierungsmöglichkeiten schaffen, um den individuellen Bedürfnissen der Arbeitnehmer gerecht zu werden. Denn nur mit einer zufriedenen und folglich gut arbeitenden Belegschaft können neue Anforderungen bewältigt werden und die Unternehmen weiterhin mit anderen Firmen konkurrieren. Die Flexibilisierungsmaßnahmen sind aus Unternehmenssicht auch deshalb erforderlich, da man auf diese Weise besser auf Auftragsschwankungen o. ä. reagieren kann. Die Strategien der Unternehmen zur Flexibilisierung der Arbeit dienen demnach dazu Arbeitskräfte variabler einsetzen zu können.[1]

Die Flexibilisierung der Arbeit wird in der öffentlichen und fachlichen Diskussion auch häufig mit dem Begriff "Entgrenzung" beschrieben.[2]
Unter Flexibilisierung bzw. Entgrenzung der Arbeit versteht man „eine Auflösung traditioneller räumlicher, zeitlicher oder organisatorischer Grenzen von Arbeit [...], insbesondere als Aufweichung und Verschiebung der Grenzen zwischen Arbeit und Privatleben, sodass sich beide Bereiche stärker durchdringen"[3].

Ursprünglich sind gesetzliche Bestimmungen zur Arbeitszeit deshalb entstanden, um den Arbeitnehmer vor der Ausbeutung durch den Arbeitgeber zu schützen und somit Erschöpfung, Arbeitsunfällen und arbeitsbedingten

---

[1] Vgl. *Hofmann et al.* (2015), S. 7, 9; Vgl. *Kaiser et al.* (2013), S. 3; Vgl. *Knoke et al.* (2015), S. 81; Vgl. *KONTEXT Oster & Fiedler GmbH* (2017), S. 3
[2] Vgl. *Eichhorst/Tobsch* (2014), S. 6; Vgl. *Hofmann et al.* (2015), S. 7
[3] *Eichhorst/Tobsch* (2014), S. 6

Erkrankungen vorzubeugen. Bis 1956 galt in der Bundesrepublik Deutschland noch die 48-Stunden-Woche. Nach und nach reduzierte sich jedoch langsam die wöchentlich vorgegebene Arbeitszeit bis zur heute gängigen 40-Stunden-Woche. In manchen Branchen müssen die Mitarbeiter vertraglich sogar noch weniger Sollstunden leisten, wie z. B. die Metallbranche, in der 1995 die 35-Stunden-Woche eingeführt wurde.[4]

Dies zeigt, dass es beim Thema **Arbeitszeit** lange um die reine Reduzierung der Arbeitsstunden ging, die Arbeitnehmer aber in der Regel trotzdem in Vollzeit beschäftigt waren. Allerdings bringen Veränderungen in der Umwelt auch Veränderungen in der Arbeitswelt mit sich. Um den Anforderungen der Arbeit gerecht zu werden mussten in den letzten Jahren verstärkt **neue Arbeitsmodelle** geschaffen werden. Zwar bildet das Arbeitszeitgesetz schon immer einen strengen gesetzlichen Rahmen, jedoch gibt es mittlerweile zahlreiche Ausnahme- und Sonderregelungen, die den Arbeitnehmern eine auf ihre individuellen Bedürfnisse zugeschnittene Arbeitsform ermöglichen. Außerdem können durch sogenannte Öffnungsklauseln tarifvertraglich geregelte Bestimmungen aufgehoben werden und demzufolge abweichende Vereinbarungen getroffen werden.[5]

Die Pluralisierung und Differenzierung von Erwerbsformen sind demnach Möglichkeiten für Unternehmen, die Flexibilisierung der Arbeit in die Tat umzusetzen. Damit sind atypische Beschäftigungsverhältnisse gemeint, die von den gewohnten Normalarbeitsverhältnissen für Arbeitnehmer abweichen. Mittlerweile befindet sich fast jeder Dritte der arbeitenden Bevölkerung in einem atypischen Beschäftigungsverhältnis.[6]

Hierzu zählen befristete Arbeitsverhältnisse, Teilzeitarbeit, geringfügige Beschäftigungen, Anstellungen als Leiharbeiter bei einer Zeitarbeitsfirma sowie die Selbstständigkeit.[7]

Die Teilzeitarbeit ist mit Abstand die am häufigsten genutzte Form der atypischen Beschäftigung, was auch damit zusammenhängt, dass sie viele verschiedene Varianten zur Auswahl bietet. Zum einen gibt es keine genau

---

[4] Vgl. *Knoke et al.* (2015), S. 81; Vgl. SPIEGEL ONLINE GmbH & Co. KG (2017)
[5] Vgl. *Knoke et al.* (2015), S. 81-83
[6] Vgl. *Apitzsch et al.* (2015), S. 13; Vgl. *Hofmann et al.* (2015), S. 13-14; Vgl. *Knoke et al.* (2015), S. 84; Vgl. *KONTEXT Oster & Fiedler GmbH* (2017), S. 8
[7] Vgl. *Springer Gabler | Springer Fachmedien Wiesbaden GmbH* (o. J.)

festgelegte Stundenanzahl. Als Standard wird in der Regel die Hälfte der regulären Arbeitszeit des jeweiligen Unternehmens genommen, jedoch kann Teilzeitarbeit auch als 75-Prozent-Modell o. ä. gewählt werden. Zum anderen kann die Teilzeitarbeit, je nach Wunsch des Arbeitsnehmers und im Ermessen des Arbeitgebers, auf wenige Tage mit vielen Arbeitsstunden verteilt werden oder die Leistung an mehreren Tagen mit einer geringeren Stundenanzahl erbracht werden.[8]

Die Teilzeitarbeit kommt vor allem deshalb so häufig vor, da sie von mehr als der Hälfte aller beschäftigten Frauen in Anspruch genommen wird. Dies hängt natürlich damit zusammen, dass sich heutzutage immer noch vorrangig die Frauen um die Kindererziehung kümmern und eine geringere Stundenanzahl den Frauen die Möglichkeit bietet sich weiterhin im Berufsleben zu etablieren, für spätere Zeiten vorzusorgen oder einfach nur eine Abwechslung zum Alltag mit den Kindern zu erfahren.[9]

Man muss jedoch festhalten, dass eine atypische Beschäftigung vom Arbeitnehmer für gewöhnlich nicht gewünscht ist, sondern die Unternehmen oftmals einfach keine Normalarbeitsverhältnisse mehr anbieten, da atypische Arbeitsplätze den Firmen die benötigte Flexibilität geben, um schneller auf Veränderungen der Umwelt reagieren zu können. Diese Flexibilisierung ist wiederum für die atypisch Beschäftigten nicht unproblematisch, da sie wesentlich häufiger und meistens auch höheren sozialen Risiken ausgesetzt sind als Arbeitnehmer in Normalarbeitsverhältnissen. Atypische Beschäftigungen sind daher meist gleichbedeutend mit langfristiger materieller Unsicherheit sowie einem zu geringen Einkommen. Demzufolge muss man unterscheiden, ob das atypische Arbeitsverhältnis vom Arbeitnehmer gewünscht ist (wie die Mutter mit zwei Kindern, die aus zeitlichen Gründen nur halbtags arbeiten kann) oder ob jemand unfreiwillig eine atypische Arbeitsstelle annimmt, da er z. B. für die unbefristeten Stellenangebote in Vollzeit nicht ausreichend qualifiziert ist oder ein Unternehmen Normalarbeitsverhältnisse gar nicht erst anbietet.[10]

---

[8] Vgl. *Apitzsch et al.* (2015), S. 27; Vgl. *Knoke et al.* (2015), S. 85
[9] Vgl. *Apitzsch et al.* (2015), S. 30; Vgl. *Knoke et al.* (2015), S. 85
[10] Vgl. *Apitzsch et al.* (2015), S. 44-47; Vgl. *Knoke et al.* (2015), S. 87; Vgl. *Springer Gabler | Springer Fachmedien Wiesbaden GmbH* (o. J.)

Das Ausmaß der Nutzung flexibler Arbeitsformen hängt demnach auch sehr stark vom jeweiligen Beruf und den unterschiedlichen Wirtschaftszweigen ab. Es lässt sich nicht leugnen, dass in manchen Sektoren und Berufsgruppen die Anzahl der flexiblen oder atypischen Arbeitsverträge stärker zugenommen hat als in anderen. Bei höher qualifizierten Berufen ist es zwischen 1995 und 2012 zu einer Expansion der Beschäftigtenanzahl gekommen, obgleich die Anzahl der atypischen Arbeitsverhältnisse in diesem Sektor konstant oder teilweise sogar rückläufig war. Im Dienstleistungssektor nahmen in dieser Zeit neu hinzukommende Beschäftigte eher atypische Arbeitsplätze ein.[11]

Wirtschaftszweige, in denen die Unternehmen vermehrt auf atypische Beschäftigungsverhältnisse zurückgreifen, sind z. B. einfache unterstützende Tätigkeiten im Dienstleistungssektor (Minijobs), Tätigkeiten im Gesundheits- und Sozialwesen (Teilzeitarbeit oder Befristungen), kreative Bereiche mit qualifizierten Mitarbeitern (Selbstständigkeit) oder auch die verarbeitende Industrie (Leiharbeit). Im mittleren und höheren Qualifikationssegment sind heutzutage unbefristete Vollzeittätigkeiten nach wie vor weit verbreitet.[12]

Eine weitere Flexibilisierungsmaße, die gerne von Arbeitgebern genutzt wird, sind **Zeitkonten**. Dieses Steuerungselement dient dazu Schwankungen der Arbeitszeit auszugleichen, die eventuell durch Auftragsschwankungen, Lieferengpässe oder private Termine der Mitarbeiter zustande kommen.[13]

Die Stundenanzahl, die über die vertraglich vereinbarte Arbeitszeit hinaus geht, wird auf dem Zeitkonto gutgeschrieben und dementsprechend Arbeitsstunden abgezogen, wenn der Arbeitnehmer weniger arbeitet als die vorgeschriebene Sollarbeitszeit. Im Vorfeld sollte allerdings der Ausgleichszeitraum definiert werden und festgelegt sein, welchen Umfang das Zeitkonto umfassen darf, also wie viel Mehr- oder Minderarbeit zugelassen ist.[14]

Aus Unternehmenssicht sind Arbeitszeitkonten deshalb positiv zu bewerten, da sich durch diese Form der Flexibilisierung die betriebliche Arbeitszeit an die aktuelle Marktsituation anpassen lässt. Noch dazu entfallen für die Stunden auf

---

[11] Vgl. *Eichhorst/Tobsch* (2014), S. 10
[12] Vgl. *Apitzsch et al.* (2015), S. 56, 58-60, 62; Vgl. *Eichhorst/Tobsch* (2014), S. 10
[13] Vgl. *Knoke et al.* (2015), S. 83; Vgl. *KONTEXT Oster & Fiedler GmbH* (2017), S. 21; Vgl. *RKW Hessen GmbH* (o. J.)
[14] Vgl. *KONTEXT Oster & Fiedler GmbH* (2017), S. 21-22; Vgl. *RKW Hessen GmbH* (o. J.)

dem Zeitkonto die Überstundenzuschläge, die Gehaltszahlungen bleiben konstant und Leerlaufzeiten der Beschäftigten können durch Freizeitabbau vermieden werden. Als negativ kann bewertet werden, dass "ungesunde" Arbeitszeit angehäuft wird, da die Regenerationszeit der Mitarbeiter durch die Mehrarbeit abnimmt. Es besteht außerdem die Gefahr, dass Arbeitsstunden angesammelt werden, die aus betriebswirtschaftlicher Sicht nicht unbedingt notwendig sind. Darüber hinaus muss der Aufwand für die Dokumentation und die Einrichtung des Erfassungssystems berücksichtigt werden.[15]

Für die Arbeitnehmer wiederum kann ein Zeitkonto positiv sein, da sie mittels angehäufter Arbeitsstunden private Verpflichtungen leichter wahrnehmen können, wie z. B. spontane Behördengänge am Nachmittag oder ein längeres Wochenende durch einen kürzeren Büroarbeitstag am Freitag. Dies verschafft den Beschäftigten oftmals eine bessere Vereinbarkeit von Beruf und Privatleben. Ebenso kann ein Zeitkonto eine höhere Zeitsouveränität ermöglichen. Es gibt jedoch auch Nachteile für die Mitarbeiter. Beispielsweise gehen sie bei Plusstunden mit ihrer Arbeit in Vorleistung. Außerdem sind sie dazu verpflichtet Mehrarbeit zu leisten, wenn es die Auftragslage erfordert bzw. frei zu nehmen, wenn es nicht genügend Arbeit gibt. Letztendlich besteht auch die Gefahr eines höheren Konfliktpotenzials zwischen Arbeitnehmer und Arbeitgeber, wenn es darum geht die Plus- oder Minusstunden wieder ab- bzw. aufzubauen.[16]

Ein bewährtes Modell und konkretes Beispiel für ein Arbeitszeitkonto ist das **Ampelkonto**. Dieses System ist nach dem Vorbild einer Verkehrsampel gestaltet, die sich durch Grün-, Gelb- und Rotphasen auszeichnet.[17]
Die Grünphase umfasst im Plus- sowie im Minusbereich normalerweise maximal eine Vollzeitwochen-Arbeitszeit. Die einzelnen Phasen werden nun am Beispiel eines im Tagdienst arbeitenden Mitarbeiters beschrieben[18]:

---

[15] Vgl. *RKW Hessen GmbH* (o. J.)
[16] Vgl. *RKW Hessen GmbH* (o. J.)
[17] Vgl. *Haufe – Lexware GmbH & Co. KG* (o. J.); Vgl. *KONTEXT Oster & Fiedler GmbH* (2017), S. 23
[18] Vgl. *dbb beamtenbund und tarifunion* (o. J.); Vgl. *Haufe – Lexware GmbH & Co. KG* (o. J.); Vgl. *RKW Rationalisierungs- und Innovationszentrum der Deutschen Wirtschaft e.V.* (o. J.)

Grünphase: Diese Phase hat im Beispiel die Spannweite von +20 bis -20 Arbeitsstunden.

Innerhalb dieses Rahmens kann der Arbeitnehmer frei über sein Stundenguthaben verfügen und selbst entscheiden, ob und wie er die Plusstunden wieder abbaut bzw. die Minusstunden wieder reinholt.

Gelbphase: Die Spannweite kann in diesem Fall im Plusbereich bei +20 bis +30 und dementsprechend im Minusbereich bei -20 bis -30 Arbeitsstunden liegen.

In dieser Phase liegt die Verantwortung nun schon bei zwei Parteien, nämlich beim Mitarbeiter sowie beim Vorgesetzten. Ziel ist es so schnell wie möglich wieder die Grünphase zu erreichen. Weitere Über- bzw. Unterschreitungen der Vertragsarbeitszeit müssen demnach mit der Führungskraft abgesprochen werden, wodurch das eigenverantwortliche Handeln des Mitarbeiters eingeschränkt wird. Anzumerken ist, dass der Arbeitgeber zu diesem Zeitpunkt nur noch außerordentlich dringende dienstliche oder betriebliche Gründe aufführen kann, wenn er dem Wunsch des Arbeitnehmers nach Freistellung nicht nachkommen möchte.

Rotphase: In diesem Beispiel fallen alle Zeitsalden über +30 bzw. unter -30 Arbeitsstunden in den roten Bereich.

Die Rotphase darf nur vorübergehend erreicht werden und auch nur dann in diesem Bereich gearbeitet werden, wenn zuvor mit dem Vorgesetzten vereinbart wurde, welche Maßnahmen anschließend ergriffen werden, um die Situation wieder in den Griff zu bekommen. Der Mitarbeiter ist dann verpflichtet diese Maßnahmen zu befolgen und seine Arbeitsstunden so weit herunterzufahren bzw. aufzubauen, bis sich die Anzeige des Ampelkontos wieder in der gelben oder sogar grünen Phase befindet.

Das Ampelkonto-System beansprucht im Gegensatz zu anderen Arbeitszeitkonten einen höheren Aufwand der Führungskräfte, da sie den Kontostand der Mitarbeiter, für die sie die Zuständigkeit haben, immer im Blick behalten müssen. Das wiederum ist jedoch ein positiver Punkt auf Seiten der Arbeitnehmer, die dadurch zum einen entlastet werden und sich zum anderen sicher sein können, dass nur so viele Arbeitsstunden angesammelt werden bzw. Minusstunden zugelassen werden, wie auch tatsächlich wieder ab- bzw. aufgebaut werden können. Gleichzeitig bedeutet dies für den Mitarbeiter allerdings wieder eine Begrenzung der Flexibilität in der Gelb- und Rotphase.[19]

Aufgabe 2

A 2.1 Die Globalisierung: Einführung

In den letzten Jahrzehnten, heute und auch in Zukunft ist die Globalisierung ein wichtiges und alltägliches Thema, da sie auf sämtliche Bereiche des Lebens Einfluss nimmt. Die Auswirkungen der Globalisierung, ob positiv oder negativ, sind nicht nur in der Wirtschaft zu spüren, sondern betreffen auch die unterschiedlichen Kulturen und Gesellschaften.[20]

Unter dem Begriff "Globalisierung" versteht man die Vernetzung von Nationen in den soeben aufgeführten Bereichen sowie in der Politik und Kommunikation. Diese Vernetzung kann entweder zwischen Individuen stattfinden oder auch zwischen Staaten, Gesellschaften, Unternehmen und Organisationen.[21]

Obwohl häufig schon von einer globalisierten Welt gesprochen wird, muss man berücksichtigen, dass es sich bei der Globalisierung um einen Prozess handelt, der bei Weitem noch nicht abgeschlossen ist und obendrein nicht rückgängig gemacht werden kann.[22]

Die Globalisierung hat allerdings nicht nur Befürworter, sondern auch Gegner. Im folgenden Aufgabenteil werden jeweils drei Pro- wie auch drei Kontra-Argumente erläutert und wissenschaftlich belegt.

---

[19] Vgl. *RKW Rationalisierungs- und Innovationszentrum der Deutschen Wirtschaft e.V.* (o. J.)
[20] Vgl. *Fuchs Media Solutions* (o. J.)
[21] Vgl. *Knoke et al.* (2015), S. 12; Vgl. *Reeb Kommunikation International GmbH* (o. J.)
[22] Vgl. *Knoke et al.* (2015), S. 12

A 2.2 Die Globalisierung: Pro- und Kontra-Argumente

Zu den positiven Effekten der Globalisierung zählt die Verbesserung der Kommunikation, denn eine funktionierende Kommunikation ist in der heutigen Zeit unabdingbar. Nur so können die internationalen Beziehungen gepflegt und aufrechterhalten werden, um die Vielfalt des internationalen Handels, Waren- sowie Güterverkehrs zu ermöglichen. Früher war es hauptsächlich nur den großen Unternehmen möglich global aktiv zu werden. Durch die Entwicklungen in der Kommunikations- und Informationstechnologie können nun aber auch die kleinen und mittelständischen Unternehmen international Fuß fassen. Technische Innovationen, wie z. B. die Erfindung und Weiterentwicklung von Handys oder dem Internet, und dem dadurch entstandenen Kommunikations- fortschritt in Form von Mobiltelefonen, E-Mails, Faxen oder auch sozialen Netzwerken, haben die weltweite und unkomplizierte Kommunikation erst möglich gemacht, die uns heute eine nie zuvor dagewesene Vielfalt an Produkten, Dienstleistungen und Kulturen bietet. Die Kommunikation ist somit das Mittel, welches die Globalisierungsprozesse vorantreibt. Demzufolge stehen die Kommunikation und die Globalisierung in einer direkten Wechselwirkung zueinander. Ohne Kommunikation gäbe es keine Globalisierung und ohne die Globalisierung würde die Kommunikation stetig abnehmen.[23]

Ein weiteres Argument für die Globalisierung ergibt sich durch Fortschritte und Entwicklungen in sämtlichen Bereichen des Lebens, da sich dadurch die gesamte Wirtschaftsleistung verbessert. Die Länder und Regionen haben durch die Globalisierung mehr Möglichkeiten ihre Produkte und Dienstleistungen zu exportieren, wodurch sowohl die Wirtschaft in den finanzstarken wie auch in den ärmeren Ländern gefördert wird. Aufgrund des internationalen Handels kommt es zu vermehrter Arbeitsteilung mit der Folge einer Verbesserung der Wirtschaftsleistung. Dieser Aufschwung führt dazu, dass sich der Wohlstand der Länder vergrößert und dementsprechend auch die einzelnen Gesellschaften davon profitieren.[24]

---

[23] Vgl. *Fuchs Media Solutions* (o. J.); Vgl. *Knoke et al.* (2015), S. 17, 22, 31, 37-38
[24] Vgl. *Fuchs Media Solutions* (o. J.); Vgl. *Knoke et al.* (2015), S. 34

11

Positive wirtschaftliche Entwicklungen aufgrund der Globalisierung kann man auch sehr stark im Bereich der Arbeit und Arbeitsbeziehungen finden. Das Problem des Fachkräftemangels, u. a. auch in Deutschland, ist seit jeher omnipräsent und konnte in Phasen der Zentralisierung nur durch Zuwanderung bzw. ausländische Arbeitskräfte verbessert werden. Infolge der Globalisierung können die Unternehmen nun die Standortwahl optimieren, indem sie die Produktionsstätten ins Ausland verlagern, wo bereits die entsprechenden Fachkräfte verfügbar sind. Durch die Produktion im Ausland müssen die Unternehmen in der Regel sehr viel weniger Steuern zahlen und profitieren zudem durch kostenreduzierte Rahmenbedingungen, wie z. B. geringere Lohnkosten und lockere Sicherheitsvorkehrungen an den Arbeitsplätzen. Die Möglichkeit Funktionen und Prozesse auslagern zu können, um folglich kostengünstiger produzieren zu können, ist demnach aus Sicht der Unternehmen sicher ein Vorteil der Globalisierung. Im Zuge dessen entstehen in den Entwicklungsländern Arbeitsplätze, die die Wirtschaft ankurbeln, dadurch Wohlstandgewinne erzeugen und dementsprechend Entwicklungsmöglichkeiten schaffen.[25]

Diese Entwicklung ist den Globalisierungsgegnern jedoch ein Dorn im Auge, denn der Export von Arbeitskräften, durch die Verlagerung der Unternehmen oder deren Produktionsstätten ins Ausland, führt meistens zu einer Verschlechterung der Arbeitsbedingungen der Beschäftigten im Inland. Außerdem zieht die Schließung eines Produktionsstandortes in der Regel viele Entlassungen nach sich, was eine höhere Arbeitslosenquote zur Folge hat. Die Produktion von Gütern oder Dienstleistungen in Billiglohnländern schadet aber nicht nur den Arbeitskräften im eigenen Land, sondern führt vor allem auch dazu, dass die kleinen Firmen in den ärmeren Ländern kaum Überlebenschancen haben und vom Markt verdrängt werden, was dort wiederum zu Arbeitslosigkeit führt.[26]

Ein weiterer Nachteil der Globalisierung ist die offensichtlich zunehmende Umweltverschmutzung. Die Massen an Waren, die um den Globus verschickt

[25] Vgl. *Knoke et al.* (2015), S. 32, 34
[26] Vgl. *Fuchs Media Solutions* (o. J.); Vgl. *Knoke et al.* (2015), S. 76

12

werden, erzeugen eine hohe Umweltbelastung, die z. B. durch die Veränderung des Klimas, den zunehmenden CO_2-Ausstoß, die Erschöpfung von Ressourcen, das Aussterben von Tier- und Pflanzenarten oder auch durch atomare Unfälle sichtbar wird. Jedoch ist nicht allein die massive Steigerung der globalen Produktion dafür verantwortlich und das dadurch resultierende Verkehrsaufkommen, sondern auch die Industrie, der Massenkonsum, der steigende Energiebedarf einer wachsenden Weltbevölkerung und die lockeren Umweltauflagen in den Entwicklungsländern. Dort werden den Unternehmen, im Gegensatz zu Unternehmen in den europäischen Staaten, nur wenige bis gar keine Umweltauflagen auferlegt, was eine umweltschädliche Produktion zur Folge hat. Der Konkurrenzkampf auf dem Markt ist hierbei nicht sehr förderlich, denn die Unternehmen, die auf dem Weltmarkt bestehen wollen, haben oftmals keine andere Wahl als bei Billiganbietern im Ausland produzieren zu lassen und müssen demzufolge eine dadurch entstehende Schädigung der Umwelt in Kauf nehmen.[27]

Die Globalisierung hat zum einen parallel zu diesen Entwicklungen stattgefunden, zum anderen aber auch viele Veränderungen zum Nachteil gefördert. Man kann jedoch feststellen, dass bei den politischen Entscheidungsträgern in den letzten Jahrzehnten ein Umdenken stattgefunden hat und seitdem eine gewisse Sensibilisierung für das Thema Umwelt zu beobachten ist. Durch die national und international ergriffenen Maßnahmen konnte in den letzten 30 Jahren die Umweltverschmutzung in den entwickelten Ländern schon deutlich reduziert werden. Dies hängt allerdings auch damit zusammen, dass sich diese Länder in den vergangenen Jahrzehnten vorrangig zu Dienstleistungswirtschaften entwickelt haben, die natürlich weitaus umweltschonender agieren als Industrieländer. Man muss dennoch festhalten, dass die internationale Zusammenarbeit bei Umweltfragen, trotz großer Bemühungen, nach wie vor unzureichend ist.[28]

Ein drittes Argument gegen die Globalisierung ist die stetig wachsende Ungleichheit, denn die Schere zwischen Arm und Reich wird immer größer. Dies ist erstaunlich, da häufig angenommen wird, dass die Globalisierung in

---

[27] Vgl. *Fuchs Media Solutions* (o. J.); Vgl. *Huwart/Verdier* (2014), S. 120, 122; Vgl. *Knoke et al.* (2015), S. 40
[28] Vgl. *Huwart/Verdier* (2014), S. 120, 126, 128-130

erster Linie den ärmeren Ländern helfen würde. Hingegen hat die Globalisierung „eine weltweite Elite der Superreichen geschaffen, während bei der Mehrheit der Reichtum nicht ankommt."[29] Zwar gewinnen alle Länder durch die zunehmende Verflechtung der Weltwirtschaft, jedoch haben bis zum jetzigen Zeitpunkt vor allem die ohnehin schon reichen Nationen, wie z. B. Deutschland, Japan und Finnland, von der Globalisierung profitieren können. Besonders die Menschen in den sich rasant entwickelnden Nationen, wie beispielsweise in China oder Indien, erfahren eine stark zunehmende Ungleichheit aufgrund der Globalisierung, die eigentlich ursprünglich dieses Problem bekämpfen sollte. Im Gegensatz dazu hat die Verflechtung bewirkt, dass die Industrieländer so schnell angewachsen sind, dass sich der vorher schon bestehende Abstand zu den Schwellen- und Entwicklungsländern noch vergrößert, anstatt verkleinert, hat. Erst über einen sehr viel längeren Zeitraum hinweg wird die Globalisierung dazu beitragen können, dass sich die Schwellen- und Entwicklungsländer den Industrienationen in puncto Wohlstand annähern.[30]

Aufgabe 3

A 3.1 Formen neuer Technologien

Wenn man von neuen Technologien spricht, fällt meist auch schnell der Begriff "Industrie 4.0". Diese Bezeichnung steht für die vierte industrielle Revolution, einer neuen Form der Industrialisierung, in der wir uns momentan befinden.[31]
Der industrielle Wandel begann in der ersten Phase mit der Einführung von Wasser- und Dampfkraft zur Unterstützung der mechanischen Produktion. Die Industrie 2.0 zeichnete sich durch die Nutzung elektrischer Energie aus und infolgedessen durch die Band- und Massenproduktion. In der dritten Phase des industriellen Wandels folgte dann die Nutzung von IT und Elektronik zur

---

[29] *Friends of Europe* (o. J.)
[30] Vgl. *Axel Springer SE* (2014); Vgl. *Friends of Europe* (o. J.); Vgl. *taz Verlags u. Vertriebs GmbH* (2014)
[31] Vgl. *Hug* (2018), S. 9; Vgl. *Kaufmann* (2015), S. 4

Automatisierung der Produktion.[32]

Die vierte industrielle Revolution soll nun die wesentlichen Wertschöpfungs-prozesse innerhalb und außerhalb von Unternehmen verbessern. Doch nicht nur die Entwicklung und Vereinfachung der industriellen Prozesse stehen bei der Industrie 4.0 im Vordergrund. Vielmehr sind alle Bereiche der Arbeitswelt, egal in welcher Branche, und auch das tägliche Leben jedes Einzelnen davon betroffen. Denn „(d)ie Gesellschaft steht an der Schwelle einer Entwicklung, die die gewohnte Weise zu leben, zu arbeiten und miteinander zu kommunizieren in beispielloser Weise verändern wird."[33] [34]

Eine Form neuer Technologien sind **cyber-physische Systeme (CPS)**, sogenannte "smarte" Produkte, im Sinne von intelligent und vernetzt. Dabei handelt es sich um Systeme, die über Sensoren die Umwelt erfassen und daraufhin Impulse oder Aktionen auslösen können.[35]

Die CPS sind dazu in der Lage mit Hilfe der Sensoren beispielsweise Temperaturen, Orte oder Druckwellen zu erfassen und durch diese technischen Voraussetzungen die entsprechenden Daten und Informationen zu verarbeiten. Die Steuerung und die Kontrolle solcher Systeme erfolgen autonom und vollkommen ohne zentrale Instanzen. Diese sogenannte "Intelligenz" ermöglicht einem CPS, anhand von definierten und programmierten Regelwerken, Entscheidungen zu treffen und so die Kontrolle über physische Prozesse zu behalten. Infolgedessen haben die meisten dieser Systeme auch die Fähigkeit unter der Verwendung von Antriebselementen, wie z. B. Ventile, Motoren oder Steuerungen, die Prozesse aktiv und physisch zu beeinflussen. Die CPS verfügen außerdem über die technischen Möglichkeiten sich mit anderen cyber-physischen Systemen oder bereits vorhandenen IT-Systemen in den Unternehmen zu vernetzen und dementsprechend auch mit den dahinter agierenden Menschen zu kommunizieren. Die Anpassungsfähigkeit solcher CPS verdeutlicht noch einmal deren Relevanz in einer fortschrittlichen Produktion. Sie sind nämlich nicht nur dazu in der Lage ihr Verhalten aufgrund von gelerntem Wissen anzupassen, sondern können darüber hinaus die

---

[32] Vgl. *Kaufmann* (2015), S. 4
[33] *Hug* (2018), S. 9
[34] Vgl. *Hug* (2018), S. 9; Vgl. *Kaufmann* (2015), S. 4
[35] Vgl. *Hug* (2018), S. 15, 17; Vgl. *Kaufmann* (2015), S. 13; Vgl. *Pflaum et al.* (2014), S. 12

eigenen Fähigkeiten weiterentwickeln.[36]

Ein Beispiel für das Können eines cyber-physischen Systems ist die Fehlerbehebung in einem Prozess. Mit Hilfe der Sensoren erkennt das System eine in der Zukunft eintreffende Störung im Produktionsablauf und bestellt automatisch das benötigte Ersatzteil. Außerdem kann ein CPS erkennen, wann ein bestimmter Füllstand im Lager oder an der Maschine unterschritten ist und sofort eine Bestellung an die entsprechende Abteilung, den zugewiesenen Mitarbeiter oder an das Lagerwirtschaftssystem weitergeben.[37]

Zu den Formen neuer Technologien gehört ebenso das **Customer Relationship Management (CRM)**, das die Unternehmen dabei unterstützen soll, eine optimale Betreuung der Kunden sicherzustellen.[38]

Kunden im digitalen Zeitalter werden immer anspruchsvoller. Für sie zählen nicht nur der Preis oder das Produkt bzw. die Dienstleistung an sich, sondern vor allem auch ein optimaler Service und eine perfekt abgestimmte Kommunikation. Sinn und Zweck des CRM ist es, eine Loyalität des Kunden aufzubauen und dementsprechend eine lange und zufriedene Kundenbindung zu erzielen, um kontinuierliche Umsätze und ein stetiges Umsatzwachstum zu bewirken.[39]

Diese Ziele können nur erreicht werden, wenn das zukünftige Kundenverhalten antizipiert wird und somit die bestmögliche Betreuung erfolgt. Dafür müssen die Kundenwünsche proaktiv erkannt werden, um sie im richtigen Moment erfüllen zu können. Für ein erfolgreiches CRM müssen demnach Daten und Informationen eingeholt werden, zum einen hinsichtlich der einzelnen Kunden und Kundengruppen, zum anderen auch Informationen über Märkte sowie Konkurrenzanbieter und nebenbei selbstverständlich auch Nachforschungen im eigenen Unternehmen betrieben werden. Doch nicht nur die strukturierten Daten der Kunden, wie z. B. das Alter, der Wohnort oder das Geschlecht, sind interessant. Von enormer Wichtigkeit sind vor allem die Schnittstellen und zahlreichen Fremdsysteme, wie Webshops oder Social-Media-Kanäle, die die Bedürfnisse, das allgemeine Kaufverhalten oder auch die bevorzugte

---

[36] Vgl. *Pflaum et al.* (2014), S. 14
[37] Vgl. *Kaufmann* (2015), S. 13
[38] Vgl. *WEKA FACHMEDIEN GmbH* (2018)
[39] Vgl. *Knoke et al.* (2015), S. 59; Vgl. *WEKA FACHMEDIEN GmbH* (2018)

Zahlungsart eines Kunden zum Vorschein bringen. Mit Hilfe von Algorithmen können dann Auswertungen und Analysen erfolgen um zukünftige Prognosen ableiten zu können, wer wann was denkt, will und wahrscheinlich auch kaufen wird. Diese Ergebnisse bieten den Unternehmen die Möglichkeit geeignete Maßnahmen zur Kundenansprache abzuleiten, denn je gezielter die Bedienung des Kunden ist, desto zufriedener und auch loyaler ist er. [40]

CRM-Strategien können allerdings nur den gewünschten Nutzen erbringen, wenn sie vom ganzen Unternehmen umgesetzt werden und folglich ein unternehmensweites Umdenken vollzogen wird. Nicht nur die zentralen Bereiche, wie der Vertrieb, das Marketing und der Kundenservice sollten involviert sein, sondern auch die gängigen Geschäftsprozesse und das Backoffice integriert werden. Darüber hinaus müssen natürlich auch die entsprechenden elektronischen Dienste und Hilfsmittel vorhanden sein, um ein erfolgreiches CRM technologisch gesehen überhaupt durchführen zu können.[41]

Mit dem zunehmenden Einsatz von CRM-Strategien rückt jedoch auch die Frage nach dem Datenschutz in den Vordergrund, denn viele Marketingkampagnen oder andere Aktionen, aus denen eine Datennutzung erfolgt, scheitern an vermeintlichen Datenschutzproblemen, da das Ziel, viele Informationen über die Kunden in Erfahrung bringen zu wollen, natürlich im Konflikt zum Grundsatz der Datenminimierung steht.[42]

Erst seit kurzem, dem 25. Mai 2018, gibt es eine neue EU-Datenschutzgrundverordnung, die eine europaweit einheitliche Anwendung von Datenschutzfragen sicherstellen soll, jedoch nur wenige Veränderungen in den Fragen mitbringt, was erlaubt und was verboten ist. Erstaunlicherweise kommt es im Bereich der CRM-Anwendungen grundsätzlich nur selten vor, dass gegen Datenschutzverordnungen verstoßen wird, da die Unternehmen dieses heikle Thema mittlerweile sehr ernst nehmen und dementsprechende Maßnahmen ergreifen, wie beispielsweise regelmäßige Überprüfungen der IT-Sicherheitskonzepte, um sicherstellen zu können, dass die Datenschutz-grundsätze in jeder Phase der Datenverarbeitung eingehalten werden. [43]

---

[40] Vgl. *Knoke et al.* (2015), S. 61; Vgl. *WEKA FACHMEDIEN GmbH* (2018)
[41] Vgl. *Knoke et al.* (2015), S. 61
[42] Vgl. *Bitkom – Bundesverband Informationswirtschaft, Telekommunikation und neue Medien e. V.* (o. J.)
[43] Vgl. *Bitkom – Bundesverband Informationswirtschaft, Telekommunikation und neue Medien e. V.* (o. J.)

A 3.2 Wieso werden neue Technologien als Motor wirtschaftlicher Entwicklungen gesehen?

Die im vorherigen Aufgabenteil erläuterten zwei Formen neuer Technologien sind nur ein kleiner Teil von dem, was die Industrie 4.0 bis jetzt hervorgebracht hat und in Zukunft noch hervorbringen wird.

Neben den cyber-physischen Systemen und dem Customer Relationship Management gibt es noch viele weitere Innovationen, die in den letzten Jahren entweder erst erfunden oder soweit optimiert wurden, dass sie aus den Unternehmen und dem Privatleben gar nicht mehr wegzudenken sind. Dazu gehören z. B. Kommunikations- oder Sprachassistenten (wie Siri und Alexa), 3D-Druck-Technologien, mobile Apps und vor allem Technologien mit künstlicher Intelligenz.[44]

Besonders die Entwicklungen im Bereich der künstlichen Intelligenz haben auf viele Lebensbereiche einen großen Einfluss und unterstützen maßgeblich wertvolle Prozesse am Arbeitsplatz, in Produktionen und im Privatleben. Immer mehr Arbeitsschritte werden mittlerweile von Robotern, Drohnen oder anderen intelligenten technischen Systemen durchgeführt und führen dazu, dass der Mensch in einigen Bereichen in der Zukunft komplett ersetzt werden kann.[45]

Folglich schüren solche Trendtechnologien, wie die künstliche Intelligenz, bei den Menschen auch Ängste. Ein Beispiel für gerechtfertigte Bedenken liefert das US-Unternehmen Google, das momentan eine Software entwickeln, die Personen anrufen soll und dabei die Redensart von Menschen so perfekt beherrscht, dass die Personen gar nicht merken werden, dass sie gerade mit einer Maschine sprechen. Wenn selbst Elon Musk, der weltbekannte Mitgründer des Tesla-Unternehmens, die künstliche Intelligenz als "die größte Gefahr für die Menschheit" ansieht, ist klar, dass der technologische Fortschritt auch Regeln braucht.[46]

Den Ängsten kann man jedoch die vielen positiven Entwicklungen entgegensetzen, die die neuen Technologien mit sich gebracht haben und in Zukunft noch hervorbringen werden.

Eine der wichtigsten Neuerungen in der nahen Zukunft wir das autonome

---

[44] Vgl. *VDI Verlag GmbH* (2017)
[45] Vgl. *Reiß* (2015), S. 13; Vgl. *Scheller* (2017), S. 68
[46] Vgl. *Süddeutsche Zeitung GmbH* (2018)

Fahren sein, dass den Transport von Waren und Gütern, per LKW o. ä., revolutionieren wird. Aktuell befinden sich autonome Fahrzeuge zwar noch in der Testphase, jedoch wird man wahrscheinlich schon im Jahr 2022 die ersten fahrerlosen Fortbewegungsmittel im Straßenverkehr sehen können.[47]

Die neuen Technologien gelten vor allem auch deshalb als Motor wirtschaftlicher Entwicklungen, da die immer stärker werdende Vernetzung von menschlicher Arbeitskraft und intelligenten Systemen mit der Zeit dazu führen wird, dass Mensch und Maschine gemeinsam die Komplexität der Aufgaben bewältigen werden – nämlich jeder den Teil, den er besser kann.[48]

Die Industrie 4.0 hat besonders in der industriellen Fertigung einen großen Entwicklungssprung erzeugt. Eine weitreichende informationstechnische Vernetzung mit umfangreicher Sensorik und neuartigen Analysemethoden von Datenströmen ermöglicht eine vollständig vernetzte, dezentral organisierte und sich weitgehend selbst optimierende Produktion. Selbstverständlich entstehen durch die Anschaffung und Programmierung dieser Technologien im ersten Schritt hohe Kosten, doch auf lange Sicht kann so kostengünstiger produziert werden, wodurch sich die Wirtschaftlichkeit der Unternehmen erhöht.[49]

Allerdings sollte nicht nur die Effizienzthematik für produzierende Unternehmen im Vordergrund stehen, wenn man von wirtschaftlichem Antrieb durch neue Technologien spricht. Der digitale Fortschritt bietet auch die Möglichkeit, Nutzer und Kunden viel intensiver in die Gestaltung und Erstellung von Produkten mit einzubeziehen. Durch die Reorganisation vieler Wertschöpfungsketten wird es in Zukunft auch verstärkt dazu kommen, dass die Unternehmen mit branchen- und technologiefremden Partnern Zusammenschlüsse bilden müssen und dementsprechend auf eine stärkere Digitalisierung angewiesen sind. Diese und weitere Innovationen, aufgrund neuer Technologien, ermöglichen den Unternehmen auch neue Geschäftsmodelle und Dienstleistungen zu realisieren und somit der Entwicklung neuen Antrieb zu verleihen.[50]

In der Summe kann man schlussfolgern, dass neue Technologien den Menschen zwar teilweise Angst machen können, jedoch in der jetzigen Zeit vor

---

[47] Vgl. *Scheller* (2017), S. 68; Vgl. *VDI Verlag GmbH* (2017)
[48] Vgl. *Scheller* (2017), S. 68
[49] Vgl. *Reiß* (2015), S. 1
[50] Vgl. *Reiß* (2015), S. 4

allem der gewonnene Fortschritt im Fokus steht. Neue Kommunikationswege, Vernetzungen mit Systemen, intelligente Maschinen oder auch neue Geschäftsfelder sind Indikatoren für positive Veränderungen im Arbeits- und Privatleben. Mit der daraus entstandenen Dynamik vieler Prozesse können Unternehmen und Menschen schneller agieren, einfacher und präziser arbeiten und somit die Wirtschaft dabei unterstützen sich in eine noch höher technologisierte und fortschrittlichere Richtung weiterzuentwickeln.

Literaturverzeichnis

Bücher:

Apitzsch, B./Shire, K./Heinrich, S./Mottweiler, H./Tünte, M. (2015), Flexibilität und Beschäftigungswandel, 1. Auflage, Weinheim/Basel.

Hofmann, J./Bonnet, P./Schmidt, C./Wienken, V. (2015), Die flexible Führungskraft, 1. Auflage, Gütersloh.

Hug, H. (2018), Industrie 4.0: historische Grundlagen, technische Veränderungen, wirtschaftliche und soziale Auswirkungen, 1. Auflage, Rinteln.

Kaiser, S./Bamberg, E./Klatt, R./Schmicker, S. (2013), Arbeits- und Beschäftigungsformen im Wandel, 1. Auflage, Wiesbaden.

Kaufmann, T. (2015), Geschäftsmodelle in Industrie 4.0 und dem Internet der Dinge, 1. Auflage, Wiesbaden.

Reiß, Th. (2015), Industrie 4.0: zehn Thesen aus Sicht der Innovationsforschung, 1. Auflage, Karlsruhe.

Scheller, T. (2017), Auf dem Weg zur agilen Organisation, 1. Auflage, München.

Broschüren von Institutionen/Firmen/Verbänden:

Eichhorst, W./Tobsch, V. (2014), Flexible Arbeitswelten – Bericht an die Expertenkommission „Arbeits- und Lebensperspektiven in Deutschland", Bertelsmann Stiftung, Gütersloh.

Huwart, J.-Y./Verdier, L. (2014), Welche Auswirkungen hat die Globalisierung auf die Umwelt?, OECD Publishing, Paris.

KONTEXT Oster & Fiedler GmbH (2017), Flexible Arbeitszeitmodelle –
Überblick und Umsetzung, Bundesanstalt für Arbeitsschutz und
Arbeitsmedizin (BAuA), Dortmund.

Pflaum, A./Hohmann, Ch./Hofmann, B./Boppert, J./Klötzer, Ch. (2014),
Industrie 4.0 und CPS – Bedarfe und Lösungen aus Sicht des
Mittelstands, Bayerischer Unternehmensverband Metall und Elektro e. V.
und Verband der Bayerischen Metall- und Elektroindustrie e. V.,
München.

Studienbrief:

Knoke, M./Behm, A./Breger, W./Schanz, S. (2015), Wirtschaft im Wandel,
1. Auflage, Studienbrief der SRH Fernhochschule, Riedlingen.

Artikel aus dem Internet:

Axel Springer SE (2014): Globalisierung öffnet Schere zwischen Arm und Reich
stärker, https://www.welt.de/newsticker/dpa_nt/infoline_nt/wirtschaft
_nt/article126119564/Globalisierung-oeffnet-Schere-zwischen-Arm-und-
Reich-staerker.html, abgerufen am 18.01.2019.

*Bitkom – Bundesverband Informationswirtschaft, Telekommunikation und neue
Medien e. V.* (o. J.): Die wichtigsten CRM-Trends im Check – Trend #6:
Datenschutz und Datensicherheit, https://www.bitkom.org/Themen/
Technologien-Software/Digital-Office/6-Datenschutz-und-Sicherheit.html,
abgerufen am 23.01.2019.

dbb beamtenbund und tarifunion (o. J.): Ampelkonto, https://www.dbb.de/
lexikon/themenartikel/a/ampelkonto.html, abgerufen am 09.01.2019.

Friends of Europe (o. J.): Argumente für und gegen die Globalisierung, https://www.debatingeurope.eu/de/focus/argumente-fuer-und-gegen-die-globalisierung/#.XEIA-FxKi72, abgerufen am 18.01.2019.

Fuchs Media Solutions (o. J.): Globalisierung Pro und Contra, https://www.globalisierung-fakten.de/globalisierung-informationen /globalisierung-pro-und-contra/, abgerufen am 16.01.2019.

Fuchs Media Solutions (o. J.): Globalisierung und Kommunikation, https://www.globalisierung-fakten.de/globalisierung-informationen /globalisierung-und-kommunikation/, abgerufen am 18.01.2019.

Haufe – Lexware GmbH & Co. KG (o. J.): Zeitkonten richtig gestalten / 3.3 Ampelkonto, https://www.haufe.de/personal/haufe-personal-office-platin/zeitkonten-richtig-gestalten-33-ampelkonto_idesk_PI42323_ HI2350655.html, abgerufen am 09.01.2019.

Reeb Kommunikation International GmbH (o. J.): Globalisierung – Definition, https://www.ikud.de/glossar/globalisierung-definition.html, abgerufen am 16.01.2019.

RKW Hessen GmbH (o. J.): Arbeitszeitkonto, https://www.arbeitszeit-klug-gestalten.de/alles-zu-arbeitszeitgestaltung/arbeitszeitmodelle-im-ueberblick/arbeitszeitkonto/, abgerufen am 09.01.2019.

RKW Rationalisierungs- und Innovationszentrum der Deutschen Wirtschaft e.V. (o. J.): 3.1. Arbeitszeitkonten, http://www.fachkraefte-toolbox.de/ fachkraefte-halten/arbeitszeitregelungen/31-arbeitszeitkonten/, abgerufen am 09.01.2019.

SPIEGEL ONLINE GmbH & Co. KG (2017): So arbeitet Deutschland, http://www.spiegel.de/wirtschaft/soziales/arbeitszeit-so-arbeitet-deutschland-a-1177706.html, abgerufen am 07.01.2019.

Springer Gabler | Springer Fachmedien Wiesbaden GmbH (o. J.): Atypische Beschäftigung, https://wirtschaftslexikon.gabler.de/definition/atypische-beschaeftigung-53543, abgerufen am 08.01.2019.

Süddeutsche Zeitung GmbH (2018): Diese Technologien können Angst machen, https://www.sueddeutsche.de/digital/jahresrueckblick-kuenstliche-intelligenz-diese-technologien-koennen-angst-machen-1.3985146, abgerufen am 24.01.2019.

taz Verlags u. Vertriebs GmbH (2014): Globalisierung nützt den Reichen, http://www.taz.de/!5045769/, abgerufen am 18.01.2019.

VDI Verlag GmbH (2017): Das sind die 10 wichtigsten Technologietrends für 2018, https://www.ingenieur.de/technik/fachbereiche/ittk/das-10-wichtigsten-technologie-trends/, abgerufen am 24.01.2019.

WEKA FACHMEDIEN GmbH (2018): CRM-Systeme, https://www.funkschau.de/telekommunikation/artikel/149367/, abgerufen am 23.01.2019.